FÉLIX THOMAS

GRAND PRIX DE ROME

ARCHITECTE, PEINTRE,

GRAVEUR, SCULPTEUR,

Par le Baron DE GIRARDOT.

NANTES,
Mᵐᵉ Vᵉ C. MELLINET, IMPRIMEUR DE LA SOCIÉTÉ ACADÉMIQUE,
place du Pilori, 5.

—

1875

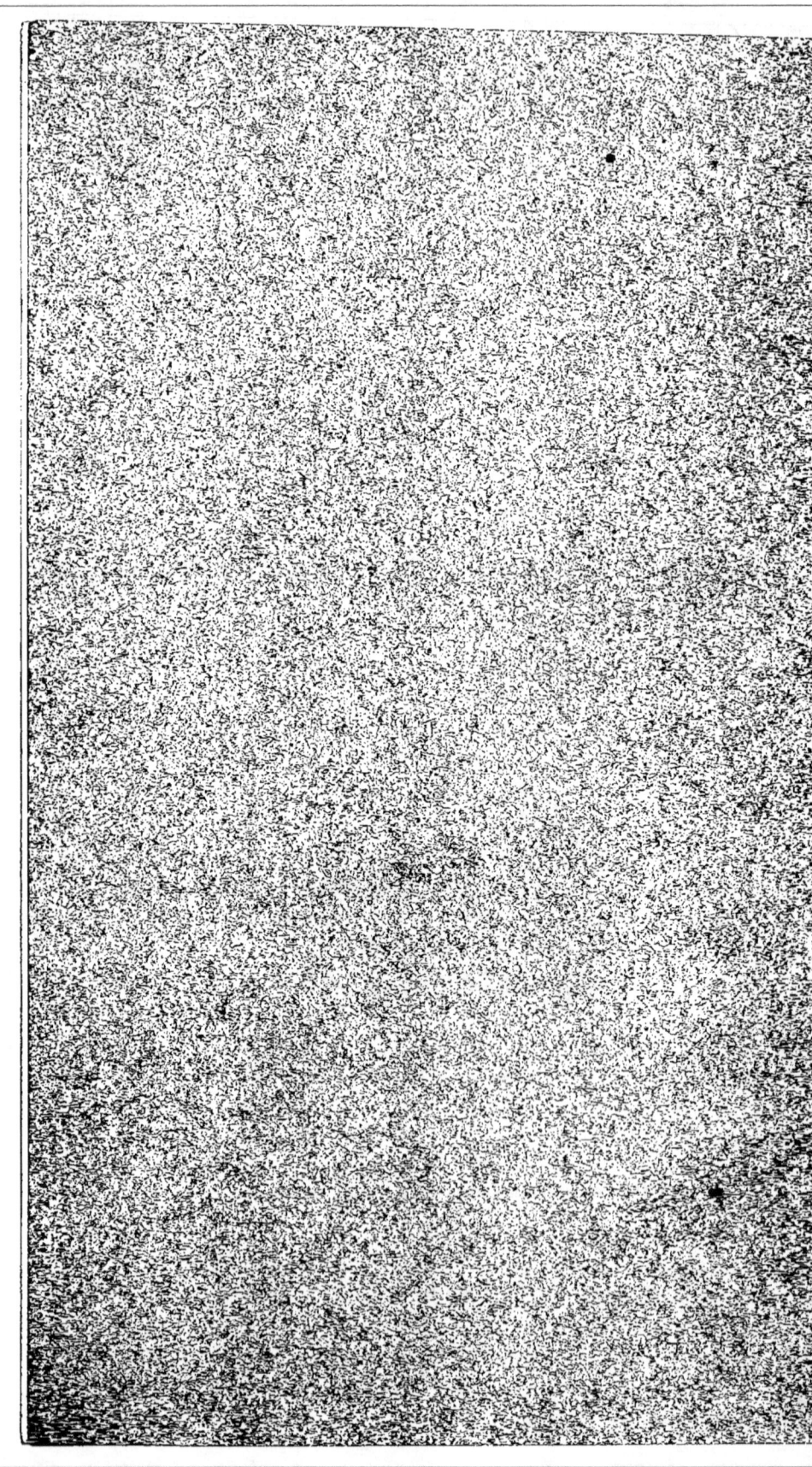

FÉLIX THOMAS

GRAND PRIX DE ROME

ARCHITECTE, PEINTRE, GRAVEUR, SCULPTEUR,

Par le Baron DE GIRARDOT.

Félix Thomas, né à Nantes, le 29 septembre 1815, laissera le souvenir d'une personnalité éminemment artistique. C'était une singularité bien intéressante, à notre époque, que cet esprit ouvert à toutes les aspirations du beau, sous toutes les formes que l'art humain a pu consacrer à le reproduire. Au moyen-âge, à l'époque éblouissante de la Renaissance, les hommes de cette nature apparaissent nombreux. Aujourd'hui, pour des raisons que ce n'est pas le moment de déduire ici, les savants et les artistes se cantonnent de plus en plus dans des spécialités de plus en plus restreintes. Ainsi, on est exclusivement architecte, peintre, graveur ou sculpteur ; et beaucoup ne sont peintres que d'une sorte de sujets ; que d'animaux, par exemple, de chevaux et d'une seule espèce de chevaux.

Cette observation n'est pas un blâme : c'est une constatation.

Thomas n'a pas suivi cette voie, qui est peut-être la meilleure et la plus profitable, à tous les points de vue. Il n'avait pas à se préoccuper de tirer profit de son talent ; il avait une aisance suffisante pour ne point s'en inquiéter ; je pourrais dire qu'avec son patrimoine il était bien riche, puisqu'il n'avait besoin de rien de ce que donne la fortune. Aussi, se livra-t-il sans contrainte à toutes ses aspirations un peu errantes et se laissa entraîner à être successivement mathématicien, élève de l'Ecole Polytechnique en 1835, élève de l'Ecole des Beaux-Arts pour l'architecture, archéologue, graveur, peintre, sculpteur.

Grand prix de Rome (il était élève de M. Lebas), il a voyagé en Italie, en Turquie, en Grèce. — Chargé d'une mission par le gouvernement, il a parcouru l'Asie mineure et la Mésopotamie, a été réveiller les échos endormis, depuis près de 2,600 ans, du palais des rois de Ninive et, le premier posé le mètre d'un architecte européen dans la capitale du second empire assyrien. — Puis, rentré en France, il s'est enfoui sous les frais ombrages de sa propriété de Pornic, ou à Nantes dans son atelier qu'il aimait solitaire, partageant presque exclusivement son temps entre sa famille et ses pinceaux.

Félix Thomas, après avoir cultivé toutes les branches de l'art, aura passé à côté de la célébrité sans l'atteindre de son vivant ; mais c'est que la célébrité veut être courtisée, et jamais artiste ne l'a autant négligée que notre ami. Modeste jusqu'à l'excès, retiré, solitaire, il peignait pour lui, pour satisfaire un besoin de sa nature. — Son ébauche était faite, son but était atteint ; et l'ébauche en rejoignait cent autres sur les rayons ou dans les armoires d'un atelier où n'entraient que des oiseaux familiers.

La vie du peintre doit être essentiellement sociale ; l'artiste solitaire n'arrive ni à la fortune, ni à la renommée, et surtout par le paysage. Cette peinture est plus qu'aucune autre une œuvre de convention. La nature, qui livre bien à la rigueur le corps humain au peintre d'histoire pour l'enserrer dans un cadre, ne livre pas à l'artiste ses montagnes, ses plaines, ses horizons pour les découper en petits compartiments sur une toile.

Tout est convenu dans cette branche de l'art, et l'esprit du plus grand nombre des spectateurs veut être prévenu pour se sentir saisi. Dans une exposition, les grands faits de l'histoire, plus ou moins bien peints, fixent toujours l'attention ; la critique les voit et souvent les loue ou les discute ; le public les regarde. Mais les centaines de paysages qu'on voit à chaque Salon, les regarde-t-il, si la critique ne lui en a dit le numéro et la place ?

Ce qu'il fallait faire pour être connu, Félix Thomas ne l'a jamais su ni voulu faire.

Dessinateur, architecte, il a été le collaborateur des grandes publications sur Ninive, l'Assyrie et la Mésopotamie. Mais ce sont-là de ces ouvrages de haute érudition, de grand format, de grand prix, qui ne sont pas à la portée du grand public. Ils donnent une réputation solide, durable, mais silencieuse, si je puis dire ainsi, qui ne sort que lentement du cercle des Académies et du cabinet des savants.

Graveur, il n'a jamais répandu ses œuvres, qu'on ne retrouve que dans ces deux grands ouvrages ou chez quelques rares amis. Sculpteur, il n'a fait tirer que quelques épreuves de ce qu'il a produit. Peintre, il a envoyé simplement quelques tableaux à des expositions, en a vendu et donné à ses parents et à quelques amis, et a gardé les autres chez lui sans les faire connaître.

Et puis, il faut bien le dire, comme peintre, il était en retard, et ce sera un jour en avance, sur le cadran de la mode. Né trente ans plus tôt, il aurait fait une glorieuse concurrence à Bidault et effacé Raymond ; — il aurait été un novateur, mais un novateur modéré ; — venu en 1859, aux expositions, il a été considéré comme un classique. Ses paysages sentent la correction, un peu froide d'abord peut-être, de l'architecte ; ils sont dessinés avec une perfection dont la fantaisie actuelle ne veut plus. Ses terrains, ses plans sont assis avec la fermeté des monuments antiques qu'il a tant étudiés. Rien n'est livré au caprice, aux hasards du pinceau. On n'y voit point de ces arbres dont la silhouette se découpe sur le ciel, mais dont le pied ne se trouve plus si on le recherche dans les broussailles du sol. J'ai retrouvé des cartons dessinés pour être peints, ce sont des arbres ; ils sont tracés à la plume de roseau avec autant de précision, de soin, que si c'était une préparation pour la gravure.

Lorsqu'un jour, le laisser-aller de la peinture libre aura dépassé les limites qu'elle est bien près de franchir, et fatigué les amateurs par sa négligence, ceux qui trouveront des paysages de Thomas les étudieront comme des modèles de dessin.

Quant à sa couleur, chacun la juge suivant la nature de ses impressions et suivant son goût ; mais, pour la bien apprécier, il faudrait voir l'ensemble de son œuvre, qu'on ne connaît guère. On suivrait l'effet du temps sur le peintre. Ses premiers tableaux, au retour de l'Orient, sont tout différents des derniers. Ainsi chez M. Serpette on voit une vue de la tour de Babel qui a la plus grande analogie avec ce tableau de Gérôme que nous avons à notre Musée, où une caravane passe devant les colosses de Memnon. C'est le même sable brûlant, le même soleil dévorant. Mais, peu à peu, la verdure intense de nos contrées, la fraîcheur de notre climat ont pénétré les yeux et dirigé la main de Thomas ; et il avait successivement abandonné le grand soleil, passé par des tons un peu plus gris, pour arriver à des fraîcheurs vigoureuses qui sont peu connues, parce que tout cela est resté dans son atelier. J'ai en ce moment sous les yeux une mosquée et une fontaine d'Orient qu'il a enveloppées dans la fraîche atmosphère d'une journée d'automne de Pornic et qui sont peintes derrière un tableau plus ancien, une vue d'Italie toute empourprée d'un chaud soleil couchant.

Je disais que les paysages de Félix Thomas sont dessinés avec une grande correction. Ses dessins d'architecture sont des modèles d'une perfection qui n'est égalée, dans ces contrées, que par celles des œuvres de Bourgerel et de Joyau. Malheureusement insouciant pour tout ce qu'il produisait, il en a laissé perdre une grande partie. Toutefois, il en reste encore assez pour le mettre incontestablement au premier rang comme dessinateur et comme aquarelliste.

Vainqueur au concours pour le grand prix de Rome, c'est en 1845 qu'il partit pour la ville Médicis. Son passeport à l'étranger, signé par M. Guizot le 29 octobre, porte cette qualification : « Architecte, pensionnaire du Roi à » l'Académie de France à Rome, se rendant à Rome. » Les nombreux visas dont l'a revêtu la police ombrageuse des Gouvernements italiens et autrichiens de cette époque permet de le suivre dans ses pérégrinations. En 1845, il visita Gênes, Livourne, Rome naturellement ; en 1846, Luques, Pise, Florence ; en 1848, Naples, Florence, Pérouse, Livourne ; en 1849, Naples, Gênes ; en 1850, Naples, Pérouse, Messine, Palerme, Pœstum, Ancône ; en 1850, Naples, Athènes, Constantinople, Smyrne ; en 1851, Naples, Gênes, Milan, Vérone, Venise, Turin, et rentra en France en avril 1851.

Il est intéressant de suivre dans ses cartons et ses albums les croquis qu'il a faits, les études qu'il a approfondies dans toutes ces stations. Le carton de Pompéï est un des plus riches. Sa sœur, Mme Serpette, possède depuis longtemps de grandes aquarelles terminées auxquelles il a consacré tout son talent, talent, je le repète, de premier ordre en ce genre.

On a retrouvé aussi une partie de ses études officielles, de celles que le règlement de l'école lui imposait ; il avait choisi pour sa troisième année le temple de Jupiter Stator et les temples de Pœstum pour sa quatrième année.

Sur les bords de la mer Tyrrhénienne, à l'extrémité de la plaine qui s'étend à partir de Salerne jusqu'aux montagnes du Silento, dans un territoire aujourd'hui presque désert, s'élevait la ville de Pœstum ou Possidonia, une des grandes cités de l'ancienne Lucanie. Dans une enceinte de murailles dont on peut suivre le contour s'élèvent encore trois grands monuments. Félix Thomas entreprit la restauration du plus important de ces édifices, du Temple de Neptune.

Ce travail fut un succès ; le rapport du directeur de l'Ecole en disait :

« Nous avons à louer tout à la fois et le choix du monument et l'ensemble du travail. Dans une suite de dix dessins bien disposés et très-bien exécutés, M. Thomas fait connaître le monument dans son état actuel ; et dans la restauration qu'il en présente, il a donné de nombreux détails au trait qu'il a ajoutés à l'appui de son mémoire descriptif, où sont développés tous les motifs de son travail. Cette restauration est d'autant plus satisfaisante, qu'on peut être sûr que son auteur, en y procédant avec tout le soin et tout le talent qu'il y a déployés, en a tiré pour lui-même les leçons les plus utiles, etc. »

La famille possède un très-grand nombre des croquis, notes, dessins de ce projet et un grand tableau à l'huile représentant l'ensemble de Pœstum.

Son voyage en Grèce ne fut pas moins fructueux, il en rapporta un des plus beaux dessins lavis qu'on ait vu des propylées de l'acropole d'Athènes. Félix Thomas envoya ce dessin à l'Exposition de 1867 ; il y fut apprécié en ces termes, par M. Charles Garnier, l'architecte de l'Opéra, dans le *Moniteur* :

« ..... Un fort beau dessin représentant les propylées, les tons en sont adoucis conventionnellement ; et pourtant, malgré ce parti pris, les valeurs relatives sont tellement justes que l'effet général rend complètement l'impression du monument grec. »

Mais le séjour à Rome avait éveillé une nouvelle vocation dans l'esprit chercheur de Félix Thomas. Son ami Bourgerel, confident de ses impressions, m'a communiqué une longue et intéressante lettre dont voici un extrait :

Rome, 11 octobre 1848.

....

Je t'avouerai que jusqu'à présent je suis resté complètement insensible à l'aspect de ces ruines vénérables ; c'est très-pittoresque comme cela est, mais neuf ça devait être bien monotone et ennuyeux, et puis tous ces détails si vantés sont la plupart si mal exécutés et surtout si ponsifs qu'il faut vraiment être pensionnaire pour passer tout son temps à les mesurer sur toutes les coutures. Aussi me suis-je jeté à corps perdu sur le byzantin, ou architecture chrétienne, comme on dit ici, et j'attends avec impatience le moment où je pourrai voyager, car il n'y en a pas beaucoup à Rome, sauf les chœurs, qui sont si beaux.

J'ai déjà fait une excursion d'un mois à Pise et à Lucques, où il y a tant de belles choses, mais je n'ai guère eu le temps que de faire des chambres claires avec quelques mesures et j'aurais voulu relever une partie de la façade de Saint-Martin à Lucques, qui est très-belle et surtout la nef, mais c'était fête et l'église était tendue pour quelques jours.

.. ..

**

Ce qui me plaît surtout ici, c'est la campagne et je regrette bien de ne pas savoir peindre un peu le paysage, car je t'avoue que j'en ferais avec plaisir, mais je suis trop vieux pour songer à commencer, et puis on me plaisanterait; on a déjà bien de la peine à faire passer un peu de pittoresque dans les dessins d'architecture.

Nous arrivons à l'œuvre la plus importante de Thomas, celle qui perpétuera son nom dans le souvenir du monde savant, sa collaboration aux deux grands ouvrages dont voici les titres :

Expédition scientifique en Mésopotamie, exécutée par ordre du gouvernement de 1851 à 1854, par MM. Fulgence Fresnel, Félix Thomas et Jules Oppert, publiée sous les auspices de S. Exc. M. Achille Fould, ministre d'Etat et de la maison de l'Empereur, par M. Jules Oppert. — Paris, Gide et Baudry, libraires-éditeurs, rue Bonaparte. — 1856. — Texte in-4°; atlas in-folio.

Ninive et l'Assyrie, par Victor Place, avec des essais de restauration par Félix Thomas. — 3 volumes in-folio, deux de texte et un de planches.

Babylone, Ninive venaient de reparaître au soleil, un français, Botta, consul à Mossoul, avait fait cette découverte si considérable pour l'étude de l'histoire et de l'art, et le premier avait révélé à l'Europe savante l'architecture, la sculpture et l'écriture de l'Assyrie. La France et l'Angleterre envoyèrent à l'envi des expéditions pour fouiller ces ruines. Une loi du 8 août 1851 mit 70,000 fr. à la disposition du gouvernement pour cet objet.

Voici en quels termes Félix Thomas fut appelé à l'honneur de participer à ces travaux :

Paris, 16 septembre 1851.

MONSIEUR,

J'ai l'honneur de vous annoncer que je vous ai désigné pour faire partie, comme architecte dessinateur, de l'expédition qui doit se rendre dans la

Mésopotamie et la Babylonie, sous la direction de M. Fulgence Fresnel, pour explorer ces contrées sous le rapport de l'art et de la science.

Vous aurez à seconder M. Fulgence Fresnel, dans tous ses travaux ; vous serez spécialement chargé d'opérer les travaux de relèvement nécessaire pour bien décrire les villes et les monuments qui font l'objet de vos explorations ; vous devrez en outre dessiner les monuments et les sculptures et les bas-reliefs qui vous paraîtront dignes d'intérêt et qui ne pourraient être transportés. Vous exécuterez, au besoin, les moulages et estampages des fragments d'architecture et des bas-reliefs et inscriptions découvertes.

Il vous sera alloué une indemnité de cinq cents francs par mois, qui devra s'appliquer à vos frais de nourriture et de logement dans les villes, et autres menues dépenses personnelles. Les frais de déplacement et autres relatifs à votre mission seront payés sur le crédit de l'expédition.

Vous toucherez immédiatement le montant de trois mois et demi de ce traitement qui courra à partir du 15 septembre 1851.

Recevez, Monsieur, l'assurance de ma considération distinguée.

Le Ministre de l'intérieur,

LÉON FAUCHER.

Le prospectus *Ninive et l'Assyrie*, par Victor Place, avec des essais de restauration, par M. Félix Thomas, pouvait dire avec raison : « La réunion de tant d'efforts » a porté ses fruits ; la Société ninivite est sortie, pour » ainsi dire, tout d'une pièce de son tombeau : religion, » arts, sciences, littérature, mœurs publiques et privées, » costumes, scènes militaires, annales et jusqu'à une » langue et une écriture nouvelles, ont été exhumés en » quelques années. C'est un ensemble de renseignements » qui dépasse toutes les espérances. »

L'expédition partit de Paris le 1er octobre 1851, et de Marseille, le 9. Elle séjourna à Malte, à Alexandrie, à Beyrouth, à Balbek dont elle étudia les grandes ruines, revint à Beyrouth, à Alexandrette, à Alep, traversa l'Euphrate, arriva à Diarbeckr ou Amida, à Severek, à Djezireh, à Nizibin et enfin à sa destination.

C'est M. Oppert qui a écrit le récit de ce voyage. Je lui emprunte ce qui est relatif à Félix Thomas :

« A Amida quelques antiquités byzantines sont encore conservées, et avant tout il faut compter la grande mosquée, qui fixa immédiatement l'attention de notre collègue, M. Thomas. Il se mit à la dessiner, et bien qu'il fût d'abord dérangé dans son travail par la curiosité des Kurdes, qui affluaient en masse, quelques paroles énergiques lui suffirent pour s'en débarrasser. M. Thomas déclare cette ruine purement byzantine, et la croit du temps de Justinien ou un peu plus tard. C'est peut-être la grande église d'Amida qui, d'après la chronique de Denis, fut bâtie par ordre d'Héraclius.

» L'existence d'une ville, en aval de Djezireh, a été constatée par la découverte d'un pont qui, malgré son aspect imposant, n'avait pas été jusque-là remarqué par les voyageurs. M. Thomas en a fait un dessin qui fait partie de l'atlas de notre ouvrage.

» Ce pont, dont une arche existe encore dans les proportions les plus hardies, tandis qu'une autre s'est effondrée, pourrait bien être du temps des Sassanides. Du moins M. Thomas trouva une grande analogie entre la construction du tak de Ctésiphon et celle de la voûte de ce pont. Au premier pilier se trouvent huit bas-reliefs qui rappellent également l'art des Sassanides. »

Enfin les voyageurs arrivèrent en Assyrie en passant le Tigre sur un pont de bateaux. Ils entrèrent à Mossoul, le 1er mars 1852. Le lendemain, ils allèrent trouver M. Place, consul de Bagdad, au milieu des fouilles qu'il faisait opérer dans le palais et la ville de Khorsabad, qui étaient à Ninive ce que Versailles est à Paris, puis ils allèrent visiter les fouilles des Anglais à Koyoundjick. Thomas apprécia en artiste les détails des sculptures mises au jour et il les attribua à une époque postérieure à celle de Sargon, et il ne s'était pas trompé.

Le 27 mai 1852, ils entrèrent à Bagdad, où les circonstances les forcèrent à faire un long séjour.

Le 23 juin, MM. Oppert et Thomas firent une excursion à Ctésiphon et à Séleucie. Ils visitèrent et mesurèrent le Tak-Kessa ou salle du trône de Chosroës, le seul débris qui reste du palais des Sassanides à Ctésiphon.

Partis le 5 juillet 1852, pour Babylone, ils arrivèrent le 7 juillet à Hillah, fondée vers l'an 1100, à la place de l'antique ville de Babylone.

Puis, ils s'installèrent tout-à-fait au milieu des ruines et commencèrent les fouilles au Kasr, le palais bâti par Nabuchodonosor, et où mourut Alexandre.

C'est Thomas qui devina le mode dont se servirent les Babyloniens pour plaquer sur les murs des représentations figurées, en émail. La présence des marques de pose l'a mené à cette découverte ; il fit observer que les couleurs ne se bornaient pas seulement à la surface qui leur était destinée, mais qu'elles avaient taché le côté qui se trouve au-dessus et au-dessous de l'enduit. On modelait une plaque d'argile qu'on coupait ensuite en rectangles de la hauteur de huit centimètres et de la largeur de dix ou douze. Ces morceaux, munis d'une marque de pose, étaient alors couverts séparément de couleurs vernissées et ensuite cuits au four ; il arrivait ainsi que l'enduit coulait en haut et en bas. Ensuite on les rassemblait en les collant avec du mortier en les plaçant dans l'ordre des marques.

Sur la colline du palais intérieur du Kasr s'élève le seul arbre de cet endroit, un tamarix dont tous les voyageurs ont parlé. Les Arabes disent que Ali aurait fait sortir cet arbre de terre en y enfonçant son bâton pour se mettre à l'ombre pendant la bataille d'Hillah. De ce point la vue s'étend sur une vaste étendue de pays. Là, se plaçait un jeune Arabe pendant que les chefs de l'expédition s'absentaient du lieu des fouilles et les ouvriers ne faisaient plus rien ; il prévenait dès qu'il les voyait au loin et de suite on se remettait à l'ouvrage.

Thomas a gravé cet arbre, la vue des alentours, et y a placé le guetteur.

« Babil, dit M. Oppert (tombe de Bélus), a 180 mètres de longueur sur 40 de hauteur. M. Thomas a fidèlement reproduit l'aspect de ce curieux reste de l'ancienne Babylone, qui ne ressemble plus aujourd'hui au dessin du livre de M. Rich, où se voient d'énormes constructions de briques démolies sans doute pour en prendre les matériaux. »

C'est vis-à-vis l'île des Concombres que Thomas découvrit une nécropole sur une étendue d'un kilomètre et demi. Les sarcophages ont la forme d'une baignoire large en haut ; ils contenaient des urnes cinéraires, des ossements et des débris de poteries très-grossières.

« Borsippa et la tour de Babel. (Birs-Nimrood.) Cette ruine imposante est d'un aspect saisissant. La façade actuelle a 140 mètres. La masse est composée de briques crues et cuites. Le plateau, très-lisse, est à 23 mètres de hauteur. Le sol est jonché de briques de Nabuchodonosor à trois lignes d'écriture. On en trouve des blocs calcinés et vitrifiés par un incendie. Le pan de mur encore debout a 11 mètres de hauteur sur 8 mètres d'épaisseur. Le dessin de M. Thomas est pris d'Ibrahim el Khalil. »

La santé de Thomas avait été cruellement éprouvée par le climat ; il prit le parti de rentrer en France, mais il passa par Khorsabad et ne put résister à la tentation de prêter son concours à M. Place qui en dirigeait les fouilles, et de prendre une part considérable à ces recherches consacrées au palais et à la ville bâtis d'un seul jet 710 ans avant J.-C. par Sargon, le fondateur du second empire d'Assyrie.

« Sur un monticule artificiel, haut de 14 mètres, se développait un palais d'une étendue de 10 hectares et renfermant dans ses 208 chambres et ses 31 cours, un sérail, un harem, des dépendances, un observatoire et un temple. Au pied s'étendait une ville, avec son enceinte épaisse de 24 mètres, ses 156 tours, ses portes, ses édifices et ses rues. Distribution, décoration, matériaux, procédés de construction, parmi lesquels figure la découverte si imprévue de la voûte, tout était nouveau à observer. »

Dans son ouvrage intitulé : *Fouilles et découvertes*, M. Beulé, juge si compétent en ces matières, a dit :

« L'importance des découvertes faites à Ninive et à Khorsabad est accrue de ce fait que si l'art assyrien a subi à l'origine l'influence de l'Egypte, il a exercé à son tour une influence incontestable sur l'Asie Mineure, la Grèce et même l'Italie. La Lydie avait une civilisation et des mœurs si ninivites qu'Hérodote croyait que le fondateur du royaume Lydien était un descendant de Ninus. Le royaume de Troyes devait présenter le même caractère. Je suis tenté, ajoute M. Beulé, quand je me rappelle l'Illiade, de comparer Priam avec son harem et ses cinquante fils, au roi Sargon ou au roi Sardanapale III, de lui ceindre la même tiare, etc., etc. On constatera encore l'influence de Ninive sur l'art étrusque à ses débuts. Le guerrier tuant un lion qui est au Musée Britannique atteste l'influence de l'Assyrie sur la Cappadoce et la Lycie. La Perse, à son tour, qui plus tard imita les monuments du second empire Assyrien, transmit aux générations plus jeunes de l'Asie Mineure des modèles que nous reconnaissons aujourd'hui à Kouyoundjick et Khorsabad.

» Si l'on considère en fait d'art et d'industrie ce que faisaient les Grecs au temps de Sargon, on est convaincu qu'ils ont emprunté à l'Orient ses procédés aussi bien que ses modèles. Les découvertes faites à Ninive modifient profondément les idées que les Grecs et les Romains nous avaient transmises sur les origines de leur art ; elles ouvrent dans tous les sens des horizons nouveaux. »

Ces considérations établissent bien nettement la très-grande importance des découvertes au souvenir desquelles sont attachés à tout jamais les noms de Botta, de Victor Place et de Félix Thomas.

Mais comme le dit M. Ch. Garnier, architecte de l'Opéra, dans son volume : *à travers les arts :*

« Les architectes sont rarement envoyés seuls en mission ; ils doublent le plus souvent un littérateur ou un fonctionnaire qui doit écrire l'histoire du pays, rechercher les inscriptions et quelquefois diriger les fouilles. Au retour, c'est le littérateur qui naturellement décrit le voyage, parle des découvertes, patronne les dessins et énumère les dangers courus. Quant à l'architecte, qui a rapporté les documents exacts, qui a tout mesuré et tout relevé, il ne lui reste parfois que la désillusion et les fièvres compagnes des ruines.

» Ce fut bien le sort de Thomas qui, après deux années d'absence, après avoir été atteint par des fièvres cruelles, après avoir erré deux mois dans le désert, alors que la maladie le saisissait, n'a dû son salut qu'à la rencontre fortuite d'un inspecteur de haras en tournée qui consentit à l'emmener. »

On peut toutefois apprécier la part que l'architecte a dû prendre à la rédaction des trois volumes de M. Place, en lisant tout ce qui y est consacré à l'explication de sa restauration, ce que seul il pouvait dire, et en parcourant la table du reste des volumes où on trouve les chapitres suivants :

Construction, matériaux, argile crue, briques cuites, pierre calcaire, albâtre, etc., etc., matériaux accessoires ; — procédés de construction, modes d'appareil, fondations, murs droits, leur hauteur, leur épaisseur ; — contreforts, toitures, voûtes en brique cuite, en argile crue ; — portes ornées, simples ; — dômes, demi-coupoles et niches ; — canaux et conduits ; — terrasses, aires, carrelage ; — seuils, pavage des routes et des rues ; — escaliers ; — éclairage et aérage ; — croisées ou fenêtres ; — portes ; — lucernaires ; cours et esplanades.

Seul encore Thomas pouvait comparer tous ces détails avec les similaires dans l'architecture des autres peuples de l'antiquité.

Du reste, dans son introduction, M. Place parle ainsi de Félix Thomas :

« Au premier rang de ceux qui m'ont prêté leur utile concours je place M. Félix Thomas. Cet habile architecte avait d'abord été attaché à la mission de Babylonie. Les excavations étaient déjà fort avancées à cette époque, et formaient un réseau souterrain très-compliqué, au milieu duquel M. Thomas m'a aidé à me reconnaître, en posant les premiers jalons du plan général que j'ai terminé. M. Thomas a encore été témoin de mes découvertes les plus significatives telles que les portes, les voûtes, les murs et archivoltes en briques émaillées, les canaux, la muraille d'enceinte, les tours, les routes extérieures, les rues de la ville. Il a constaté ces trouvailles, il les a mesurées et dessinées avec la plus scrupuleuse attention ; aussi était-il mieux que personne à même de tenter la délicate entreprise des restaurations d'une architecture sans précédents. On pourra juger, par plusieurs planches de notre atlas, du rare talent avec lequel M. Thomas s'est acquitté de ce travail. »

Ce qui est bien certainement et exclusivement de Thomas, c'est le projet de restauration du palais de Sargon.

« Si la découverte de Ninive est un événement, dit M. Garnier, les restaurations de M. Thomas le grandissent encore. M. Place a retrouvé le palais, M. Thomas le fait connaître.... Grâce à ses dessins, une architecture quasi-inconnue est révélée ; un monde éteint revit à nos yeux.

» Toutes ces restaurations ont été faites pour ainsi dire preuves en main, les fouilles, les bas-reliefs, les fragments découverts ne laissent aucun doute sur le caractère général de cette puissante architecture. C'est là un fait capital. »

Dans une lettre adressée à son ami et son avocat, M. Breulier, Thomas dit de ces travaux :

« Supposez un tailleur sauvage de l'Océanie à qui l'on commande un pantalon français en lui donnant pour modèle un sous-pied ; il ne s'en tirera jamais ou bien il fera quelque chose de fantastique ; mais donnez-lui une image, il fera un vrai pantalon, tel quel.

» Je me trouvais, moi aussi, en face de données tout-à-fait insuffisantes ; des murs ruinés à un mètre de la base, mais j'avais les images, c'est-à-dire de nombreux bas-reliefs représentant grossièrement des siéges et des vues de villes, mais cependant me fournissant assez de renseignements pour rétablir portes, fenêtres, créneaux, etc. J'avais donc la forme, il ne me restait qu'à rendre mes restaurations constructibles et agréables à l'œil (chose indispensable en architecture). »

Dans l'ouvrage de Ninive, les planches de Thomas sont consacrées :

Aux plans des villes et palais de Khorsabad (Hizir-Sargon), de 2 à 7.

Murailles et portes de la ville, de 8 à 14, 18.
Briques émaillées d'une de ces portes, 15, 16, 17, 47.
Façade du palais, restauration, 20, 21, 69.
Dépendances et harem du palais, 23, 24, 25.
Mur émaillé du harem, de 27 à 31.
Statue isolée, 31.
Détails de constructions, 33, 34, 35.
Observatoire, 36 37.
Canal, 38.
Transports des antiquités, 42, 43, 44.
Sculptures du rocher de Maltaï, 45
Kouyoundjick, bas-reliefs et sculptures, 49, 58 à 64.
Outils en fer et en bronze, 71, 74.
Bronzes et bas-reliefs repoussés, 72.
Mossoul. Eau-forte.
Hassan-Kief. — Eau forte.
Château de Khan-Abdallah. — Eau-forte.
Van, Arménie. Eau-forte.

J'ajoute de suite que la famille de Thomas a retrouvé la série complète des dessins originaux de la restauration de Khorsabad reliée aujourd'hui en un volume grand in-folio.

M. Beulé, à son tour, apprécie ces travaux en ces termes, après avoir suivi la description du palais de Khorsabad :

« Considérons, dans leur ensemble, les restaurations telles que les a dessinées un habile architecte qui avait mesuré et copié les plus beaux monuments de la Grèce et de l'Italie, et qui appliquait à un ordre de constructions nouvelles un talent assoupli par les modèles les plus variés. M. Thomas s'est concerté avec M. Place; mais, aux éléments que le savant fournissait à l'artiste, celui-ci ajoutait l'effort de sa propre imagination. C'est donc une œuvre digne de la plus sérieuse attention, cette restitution graphique qui donne tant d'importance scientifique et de nouveauté à la publication. »

M. Beulé examine successivement les restaurations proposées par Thomas et indiquées, d'une part, par ce que les fouilles ont rendu à la lumière et par ce que les artistes assyriens ont tracé dans leurs bas-reliefs. C'est là qu'il a trouvé les créneaux dont il a décoré le haut des tours et les frises dont il a orné le mur en retraite des portes, et le sommet des tours, frises composées de rosaces, les unes grandes, les autres petites, qu'il a disposées avec un sentiment de la proportion presque grec et un goût qu'on ne saurait trop louer.

La porte royale par excellence a huit taureaux ailés que Thomas n'a eu qu'à copier, et on peut comparer son dessin aux modèles qu'on voit au Louvre. Le belvédère, les deux étendards qu'il a placés aux deux côtés de l'entrée, c'est à des bas-reliefs qu'il les a pris. C'est à eux aussi qu'il a emprunté les dômes dont il surmonte les grandes salles. On a trouvé sur le sol les manchons en terre cuite qui traversaient les dômes et les voûtes pour donner de l'air et du jour à des pièces sans fenêtres.

A la porte du harem, se voit encore la base des palmiers gigantesques qui la décoraient ; par terre gisait une partie considérable de leur revêtement de bronze. Les sculptures ont donné le bouquet de feuilles en éventail que leur a restitué notre artiste. M. Beulé trouve plus hardie la grande frise peinte dont Thomas a décoré le mur en retraite de cette porte.

Il le croit encore un peu audacieux dans sa restauration d'une chambre à coucher. Il ajoute, « dans la niche (l'alcôve), M. Thomas a placé un lit, celui qui est figuré dans un bas-relief de Kouyoundjick, et un tabouret. Assurer que tel était l'état des lieux et leur destination il y a vingt-six siècles serait impossible ; il n'en faut pas moins étudier scrupuleusement les dessins de M. Thomas, parce qu'ils ouvrent à l'imagination des voies nouvelles et la persuadent par le charme et la vraisemblance.

Il a échappé à M. Beulé ce fait qu'on a trouvé là où Thomas place un lit, l'appareil en métal et les roues qui supportaient ce meuble.

.... M. Beulé, après avoir passé en revue les bas-reliefs trouvés à Ninive et à Khorsabad, ajoute :

« Après une étude attentive de ces bas-reliefs, on voit apparaître une ville assyrienne dans son ensemble, avec sa physionomie extérieure ; tout est clair, frappant, original, et les restaurations graphiques de M. Thomas ne semblent plus que la traduction élégante et classique de la vérité. Il faut se souvenir de l'ignorance profonde où nous étions il y a trente ans, sur l'art assyrien, pour mesurer l'étendue des services qu'ont rendus à la science les hommes qui ont découvert ces précieux monuments, qui les ont rapprochés, qui les ont illustrés, et qui en ont tiré déjà tant de lumières. »

Plus loin encore, à propos des conclusions à tirer des traces de peintures trouvées sur les sculptures de Khorsabad, M. Beulé, comparant les restaurations anglaises avec celles de Thomas, dit qu'on ne peut trop louer la réserve et le goût dont celui-ci a fait preuve dans ses restitutions.

Au retour de cette mission, qui lui préparait un brillant avenir, le reste de la vie de Thomas s'écoula modestement dans le silence et le travail.

Un moment, il sembla vouloir suivre la carrière qui lui était ouverte par ses succès d'élève : il fut chargé, en 1855, de l'appropriation des Panoramas au service de l'Exposition universelle, sous la direction de l'architecte

M. Cabrol ; et puis ce fut fini. Il fut plusieurs fois désigné, par le conseil supérieur de l'Ecole des Beaux-Arts, pour faire partie du jury chargé de juger les concours définitifs pour le grand prix de Rome ; mais déjà il était devenu peintre. Il avait suivi l'atelier de M. Gleyre.

Félix Thomas a obtenu en 1861, à la suite de l'exposition, une mention honorable comme peintre ;

En 1865, une médaille comme architecte ;

En 1867, il fut fait chevalier de la Légion-d'Honneur avec cette mention au *Journal officiel :* « M. Félix Thomas, » architecte. — Mission en Asie mineure, services rendus » à la science et aux arts. »

Il est mort à Nantes, le 15 avril 1875.

On a de lui un portrait très-ressemblant lithographié d'après un dessin de Bénouville.

Thomas avait vu, chose rare, un autre grand prix de Rome dans sa famille : son neveu, Gaston Serpette, a obtenu cette haute distinction en 1871, pour la musique.

———

J'ai cherché à dresser le catalogue aussi complet que possible de l'œuvre de Thomas :
        Dessins et aquarelles ;
        Gravure ;
        Peinture ;
        Sculpture.

Dessins et aquarelles.

Dans le cours de ses voyages, Félix Thomas a dessiné un grand nombre de monuments et de personnages ; c'est bien là que la supériorité de son talent est incontestable. Ce qui en a été trouvé après sa mort a été relié en onze volumes in-folio et grand in-folio. Il y a un volume contenant au complet la restauration du palais de Korsabad, deux volumes d'Orient, trois d'Italie, trois volumes de mélanges, deux d'études de chevaux et d'animaux. Jamais, je le crois, un artiste n'avait étudié avec autant de soin et de persévérance l'anatomie du cheval. On retrouve partout la trace de l'attention qu'il y mettait.

Soixante de ses dessins et aquarelles, mis sous verre, forment, avec ses grands dessins d'architecture, une sorte de galerie très-intéressante qui orne le rez-de-chaussée de la maison de M. Serpette. On y trouve les principaux sites et monuments des pays qu'il a visités, et les croquis de quelques-uns de ses tableaux.

On a monté les plus grands sur toile. Ce sont :

	Largeur.	Hauteur.
Frise du Parthénon...............	2m,07	0m,60
Plan d'une église,................	0m,87	0m,62
Plan d'une église................	0m,62	0m,78
Plan d'un temple................	0m,94	0m,61
Façade d'une église.............	0m,64	0m,82
Façade du temple d'Hercule........	0m,63	0m,98
Grand dessin de l'Acropole d'Athènes.	2m,13	1m,06

M. Merson possède un beau dessin : vue de Bagdad.

J'ai chez moi quelques études des frises du Parthénon, des projets de tableaux, des académies, des albums contenant des notes de voyages et croquis.

Thomas avait exposé en 1859 :

Sous le n° 3,838, le baptistère de Pise.
    3,839, la cathédrale de Pise.
    3,848, l'Acropole d'Athènes.
    3,841, fragments des Panathénées, frise intérieure du Parthénon.
    3,842, portes de Ninive.
    3,843, idem.

A l'exposition universelle :

Architecture.

Nº 47. Dix châssis sous le même numéro.
    Le Baptistère de Pise ;
    L'Acropole d'Athènes ; la face des Propylées est prise pour plan de projection ;
    Fragment des Panathénées ; frise intérieure du Parthénon ;
    Essai de restauration des ruines découvertes par M. Place, à Korsabad, ancienne Ninive.

Gravures

Pour l'atlas de l'ouvrage : Expédition scientifique en Mésopotamie.
Mosquée du Soleil près d'Hillah, exposée, en 1859, sous le nº 3,661.
Vue de Babylone, prise de la ruine de Babil.
Babil.
Birs-Nimrood.
Une mosquée à Bassorah, exposée, en 1859, sous le nº 3,659.
Tombeau de Zobéide.
Le Kasr, vue prise du haut du Kasr.
Ruines d'un pont antique à Djezireh.
Mosquée à Hillah.
Vue de Babil, prise du Kasr.
Fleuve de Diyalla (Gyndès).
Ruines de la tour de Babil.
Acropole de Babylone.
Arbelles. — Il y a deux états de cette gravure : une planche carrée et une oblongue, en hauteur.

Dans *Ninive et l'Assyrie :*

    Mossoul.
    Kassan-Kief.
    Château de Khan-Abdallah.
    Van (Arménie).

En 1859, il a exposé encore, sous le nº 3,662, *bords de l'Euphrate,* vue prise du pied du palais des rois.

M. Le Saut, à Nantes, possède le seul exemplaire qui existe d'une *vue de Balbek*, dont la planche a été détériorée après ce tirage unique. (30 sur 40, haut cintré, signature autographe de l'auteur.)

Je possède un petit cuivre gravé aussi par Thomas, *un cheval en liberté*, dont il n'a été encore tiré aucune épreuve.

Peinture.

Je relève d'abord la mention des tableaux exposés par Thomas aux salons de 1859 à 1872.

J'ai donné, quand je l'ai pu, les dimensions des tableaux, le premier nombre donne la largeur, le second la hauteur.

En 1859, n° 2,840, ruines de la tour de Babel, 1m,30 sur 89 ; toile.

N° 2,841, Mokhawil-Kan, territoire de Babylone, 53 sur 38 ; toile.

N° 2,842, la mosquée dorée d'Iman Moussah, près de Bagdad, 87 sur 54 ; toile.

N° 2,843, la mosquée du scheik Yabrak à Alep, 78 sur 48 ; toile.

N° 2,844, Beyrouth.

Toutes ces vues avaient été exécutées pendant l'expédition en Mésopotamie. Elles appartiennent à M. Serpette.

N° 2,845, Pœstum au crépuscule. Appartient à M. Serpette.

N° 2,846, l'acropole d'Athènes aux temps antiques, vue prise sur les bords du Cephise, 53 sur 38. Toile. Appartient à M. Serpette.

En 1861, n° 2,946 du livret, une ferme dans la campagne de Rome.

N° 2,947, les dunes d'Escoublac (Loire-Inférieure). Appartient à M. Larrey.

N° 2,948, les frênes du pont Gatineau (Loire-Inférieure).

N° 2,949, entrée de la rivière à Nantes.

En 1863, n° 1,789, le Porteau, environs de Pornic.

N° 1,790, la Nuit, vue d'une mosquée persane, près de Bagdad.

N° 1,791, visite du Pacha de Mossoul aux fouilles de Khorsabad, ancienne Ninive. Appartient à M. Pereire.

En 1864, n° 1,853, bords du Tibre.

Ce tableau, acheté par le Gouvernement, a été donné au Musée de Nantes. Il est placé au-dessus de la Madeleine de Baudry.

En 1865, n° 2,063, Ostie, vue prise dans l'île sacrée.

Vendu 1,500 fr. au Gouvernement.

N° 2,064, l'anse des Etangs, environs de Préfailles (Loire-Inférieure).

En 1866, n° 1,834, souvenirs des environs d'Alcamo (Sicile).

Vendu 1,500 fr. au Gouvernement.

N° 1,835, environs de Pornic.

En 1868, n° 2,373, bords de la Nera-Maremmes de Toscane.

N° 2,374, chevaux aux pâturages, environs de Nantes.

En 1872, n° 1,449, brise d'Est au commencement du flot, côte de Pornic. Appartenant à M. Du Champ-Renou, de Nantes.

En 1873, n° 1,391, soir de mai à Fiumicino (Italie), vue prise de l'ancien port de Claude.

Il existe à l'Opéra, dans une des salles du glacier, de Thomas, un grand tableau qui représente un site grec, au fond une montagne avec un temple, à gauche un grand cerisier sauvage, à droite des buissons, et au premier plan quelques danseuses.

Ce tableau est d'un grand style, m'écrit M. Ch. Garnier. La famille en possède le croquis fait au crayon, elle m'a donné les croquis des danseuses, deux dessins au crayon noir, de la grandeur de l'exécution.

CHEZ M. SERPETTE.

En outre des tableaux mentionnés plus haut (exp^{on} 1859) :

Vue d'un étang avec un troupeau de buffles et des oiseaux aquatiques, 72 sur 47 ; panneau.

Chevaux au pâturage, 73 sur 42 ; toile.

Vue prise dans la campagne de Rome. 3^m sur 1^m,10 ; toile.

Esquisse de ce tableau, 53 sur 24 ; toile.

Rivière au fond d'un vallon, 25 sur 38; panneau.

Chevaux au pâturage, 22 sur 32; toile.

Paysage. Groupe d'arbres dans une prairie, troupeau, 36 sur 55; toile.

Grand nombre d'études peintes plus ou moins avancées dont dix-huit prises à Pornic et aux environs.

Deux copies d'après Corot.

Une vue prise en Grèce. Promontoire surmonté d'un temple et d'une colonne, 29 de largeur sur 20 de hauteur; carton.

Le loup-garou sur les épaules d'un paysan, au bord d'une mare, clair de lune, 32 sur 23; toile.

Pêcheur de sangsues, 45 sur 22; carton.

Ancien clocher de Sainte-Marie (Loire-Inférieure), 29 sur 18; carton.

La promenade du curé, 12 sur 17; ardoise.

Pâtre et vaches dans un pâturage au bord de la mer, 20 sur 30; carton.

Troupeau de moutons passant un pont en ruines, 32 sur 22; carton.

Femme qui trait une vache, 13 sur 14; carton.

Pêcheur au bord de la Sèvre (Loire-Inférieure), 18 sur 24; carton.

Château-fort sur une colline, 40 sur 25; toile.

Cheval monté poursuivi par un chien, 32 sur 24.

Saint Christophe portant le Christ, 21 sur 36. Au dos, combat d'un lapithe et d'un centaure.

Curé à cheval parlant à des enfants, 28 sur 14; carton.

Bois et marais, oiseaux aquatiques, 63 sur 35; toile.

Le départ de la sainte famille pour l'Egypte. La Vierge, portant l'enfant Jésus, descend un escalier extérieur; saint Joseph l'attend avec son âne, 12 sur 19; toile.

La ferme de l'Herberdière (Pornic), 49 sur 19; panneau.

Fuite en Egypte. Saint Joseph précède la mère et l'enfant, 26 sur 40; panneau.

Bords de la Loire. Une barque, 31 sur 22; toile.

Lisière d'une forêt, 42 sur 16; toile.

Château de Clisson. Vue prise des bords de la Sèvre, 31 sur 13; carton.

Lisière d'un bois avec pâturage, 31 sur 21; carton.

Troupeau de moutons dans les rochers, sur le bord de la mer, 22 sur 32; panneau.

Village sur le bord de la Sèvre, 33 sur 25; carton. Au dos, une forêt.

Le retour de la pêche, 50 sur 30; toile.

Lisières de champs plantées de grands arbres. Un cavalier chasse un chien, 51 sur 27; toile.

Sujet fantastique. Dans un ravin, on voit le fronton d'un temple sur lequel est sculpté un griffon ailé ; en face, un griffon pareil lutte contre un serpent, 27 sur 17 ; panneau.

Groupe de grands hêtres, 32 sur 45 ; panneau.

Village sur le bord d'un bois ; troupeau de moutons, 37 sur 22 ; carton.

Bords de la Sèvre, 32 sur 22 ; panneau.

Vue d'Italie. Village aperçu à travers les arbres, ovale de 35 de hauteur ; toile.

Chaumière entourée d'arbres ; sur le bord d'un chemin, deux chevaux ; 36 sur 22 ; carton.

Vue du château de Clisson, 21 sur 24 ; carton. Au revers, un paysage.

Un certain nombre de marines.

Chevaux au pâturage ou à l'abreuvoir. Quatorze esquisses de différentes dimensions.

Un grand paysage inachevé : une mare dans laquelle se baignent deux chevaux qu'un garçon de ferme veut en faire sortir. 1m,60 sur 1m ; toile.

Le Tamarix d'Ali sur les ruines du Kasr de Babylone, avec l'espion. Gravé dans l'ouvrage sur la Mésopotamie, 25 sur 32 ; panneau.

Cavaliers arabes à l'entrée d'une ville, 32 sur 22 ; toile.

La Sèvre, à Clisson, 32 sur 22 ; carton.

CHEZ Mme BERNARD.

Un paysage, troupeau de vaches et de moutons descendant vers un ruisseau ombragé de grands arbres, 1m05 sur 62 ; toile.

CHEZ M. DE LA GIRONNIÈRE, A NANTES.

Vue d'Orient, coupole et minaret, sur le devant une femme et des enfants, 23 sur 34 ; carton. Derrière se trouve un très-beau dessin à la plume de roseau. Arbres.

CHEZ M. CHARPENTIER, A PORNIC.

Caravanne de Bassorah à Bagdad, 1m,20 sur 60 ; toile.

Cavalier arabe auprès d'un Sphynx ensablé, 30 sur 40 ; toile.

CHEZ M. LARREY, A NANTES.

La Barre-de-Mont (Vendée), 70 sur 50 ; une métairie avec des troupeaux, la mer au fond.

Plage de Saint-Michel (Loire-Inférieure), 75 sur 34 ; toile.

Dunes de Saint-Michel avec chevaux en liberté, 1m,10 sur 80 ; toile.

Bas des dunes d'Escoublac ; côté de la mer, 1m sur 80 ; toile.

Côte de Préfailles, 1ᵐ sur 40 ; toile.

Curé parlant à des enfants ; chemin ombragé ; environs de Pornic ; 34 sur 25.

Pont de Châteauthébaud sur la Sèvre, 32 sur 24 ; toile.

Source de Pornic, 1ᵐ sur 20 ; toile.

Bois de la Chaise, île de Noirmoutier, 1ᵐ,06 sur 64 ; toile.

Le Porteau, près Pornic, 70 sur 50 ; toile.

CHEZ M. GARNIER, ARCHITECTE DE L'OPÉRA.

Une mosquée à Bagdad, effet de nuit, 1ᵐ,50 sur 1ᵐ ; toile.

CHEZ M. LE SANT, A NANTES.

Bassorah. Un minaret et une coupole de mosquée, au milieu de palmiers vus par dessus une muraille devant laquelle passe un Arabe sur un dromadaire, 30 sur 40 ; toile.

Une marine, 26 sur 56 ; toile.

Un paysage, 32 sur 22 ; panneau.

CHEZ M. MERSON, A NANTES.

Chevaux dans une prairie, 50 sur 30 ; toile.

CHEZ M. ROQUES, A NANTES.

Vue des environs de Rome. Buffles dans un marais, 1ᵐ sur 80 ; toile.

CHEZ M. BABIN-CHEVAYE, A NANTES.

Esquisse de chevaux, 1ᵐ sur 70 ; toile.

CHEZ M. DU CHAMP-RENOU, A NANTES.

Brise de l'Est au commencement du flot, côte de Pornic, 1ᵐ,75 sur 88 ; toile.

CHEZ M. FRANCHETEAU, A NANTES.

Trois tableaux, paysages.

CHEZ M. CHESSÉ, A NANTES.

La Bigotière, cᵉ d'Orvault (Loire-Inférieure), 1ᵐ,04 sur 70 ; toile.

Vue d'Orient. Bergers à cheval gardant des troupeaux, 1ᵐ,10 sur 85, panneau.

CHEZ LE BARON DE GIRARDOT, A NANTES.

Le château de Clisson, 32 sur 64 ; toile.

Cavaliers arabes au bord d'un gué, 50 sur 35 ; toile.

Paysage d'Italie par un soleil couchant.

Femmes auprès d'une fontaine et d'une mosquée. Ces deux tableaux sont sur les deux côtés d'un fort carton de 50 sur 23.

Ville vue dans le lointain à travers des arbres, 25 sur 32; carton collé sur panneau.

Un certain nombre d'ébauches, paysages et marines.

Sculptures de Thomas.

CHEZ M. DE GIRARDOT.

Un bas-relief, 44 sur 30; plâtre. Un homme, monté sur un cheval, en conduit un second qui se rejette en arrière et vers lequel il se retourne.

En plâtre, un bas-relief circulaire de 35c de diamètre; un Arabe du désert sur un cheval. De droite à gauche dans le champ est écrit en creux :

Quand on sonne la charge, il dit : Allons ! il entend la voix des capitaines qui encouragent les soldats et les bruits confus d'une armée.

Bas-relief, plâtre, 48c sur 40. Un cavalier, vêtu d'un caleçon, se retient à la crinière d'un cheval entièrement nu qui va au grand trot de gauche à droite.

Chevaux lancés à fond de train. Médaillon rond de 48c de diamètre.

En cire, un cheval de 28c de longueur, au grand trot; inachevé.

— un âne de 24c de long.

— un cheval au repos de 21c de longueur.

En cire, sur ardoise, un Arabe à cheval.

— un homme nu devant une table.
— une figure de femme ailée parcourant les airs.
— un cheval qui se cabre.

www.ingramcontent.com/pod-product-compliance
Lightning Source LLC
Chambersburg PA
CBHW061013050426
42453CB00009B/1407